LES DEUX

CENTENAIRES

DE CORNEILLE,

PIÈCES EN UN ACTE ET EN VERS

*Représentées à Rouen, Bordeaux, le Havre,
Tours, Grenoble, &c. &c.*

Par M. le Chevalier DE CUBIÈRES, de
l'Académie de Lyon.

A PARIS,

Chez { CAILLEAU, Imprimeur - Libraire
rue Gallande, Nᵒ. 64.
BAILLI, Libraire, rue Saint-Honoré,
Barrière des Sergens.

M. DCC. LXXXV.

RÉFLEXIONS

SUR

LE GRAND CORNEILLE.

Lorsque l'Académie de Rouen proposa pour
le sujet de son Prix d'Éloquence, *l'Éloge du
grand Corneille*, ce Prix fut remporté par M.
Gaillard, qui le mérita : M. Bailli obtint l'*Accessit*, & méritoit davantage : M. le Chevalier
de L..... fut distingué dans la foule des Concurrens ; & quoique rejetté par les (1) Düumvirs,
il fut accueilli par le Peuple. Fontenelle a écrit la
vie de son oncle ; & tout le monde connoît cette
vie intéressante. Le P. Tournemine a donné une
Apologie de l'Auteur de Cinna. La Bruyère, le
P. Porée, Longepierre, le Marquis de Vauvenargues, ont publié des paralelles de Corneille
& de Racine, où le premier est apprécié avec
plus ou moins de goût, plus ou moins de partialité, plus ou moins de Justice. Fontenelle, lui-
même, a laissé échapper dans sa jeunesse, un

----

(1) Allusion à un mot du Grand Corneille, fort connu.

A 2

paralelle qu'il a enfuite défavoué, & qui pourroit fervir de fupplément à la vie de fon oncle. Voltaire enfin, par fon Commentaire, a décidé à-peu-près ce qu'il falloit croire fur (1) le Grand Corneille. S'il a relevé quelques défauts, il n'a pas moins fait fentir de beautés : voilà les Ecrivains qui ont fondé, pour ainfi dire, la Religion Cornélienne. On compte, parmi les Détracteurs de ce Dieu du Théâtre François, le fougueux d'Aubignac, l'orgueilleux Scudéri, Mairet, &c... Le refte ne vaut pas l'honneur d'être nommé.

D'après ce court expofé, il feroit, je crois, difficile d'entreprendre, foit l'Éloge, foit la critique du Grand-Corneille, fans répéter le bien & le mal qu'on en a dit. Mon projet eft de ne faire précifément ni l'un ni l'autre ; mais feulement de relever certaines erreurs, où il me femble que l'on eft tombé fur ce grand homme, & de finir par quelques réflexions fur fon ftyle, ou plutôt fur ce qu'on appelle la Poéfie de ftyle.

On a imprimé, & l'on imprime tous les jours, que Corneille a créé la Tragédie en France ; il eft bien certain qu'il l'a perfectionnée, qu'il l'a

---

(1) Voltaire a décidé à-peu-près ce qu'il fallait croire fur les Pièces de Corneille qui font reftées au Théâtre ; mais il n'a pas été jufte envers les autres. *Voyez fon Commentaire.*

portée à fa plus grande hauteur: mais comment peut-on affirmer qu'il en eft le père? Voltaire a dit, qu'il étoit très-remarquable que l'Art Tragique eût commencé en France, ainfi qu'en Italie, par une Sophonisbe, & Voltaire a eu raifon. Les trois unités font parfaitement obfervées dans la *Sophonisbe de Mairet*, & dans *la Mort de Muſtapha*, ou *le Grand & dernier Soliman*. Or, Sophonisbe fut jouée en 1629; la Mort de Muſtapha en 1630, & le Cid, comme chacun fait, ne parût qu'en 1636. S'il eft donc vrai que la première Pièce régulière mérite à fon Auteur le titre de Créateur du Théâtre François; c'eft à Mairet que ce titre appartient, & c'eft fans fondement qu'on le donne au Grand-Corneille.

Ce qu'il falloit imprimer & réimprimer beaucoup plus qu'on ne l'a fait, c'eft que Corneille a véritablement créé en France, non la Tragédie, mais les deux fortes de Comédies où nous avons excellé, celle d'*intrigue* c'eft-à-dire, & celle de *caractère*. Avant *Mélite*, on ne connoiſſoit guères en France, que des Pièces imitées de l'Efpagnol, Pièces dont les intrigues fans vraifemblance, offenfoient autant le goût que la raifon. Mélite parût, & fi elle ne jetta pas autant d'éclat que le Cid, fon triomphe fût bien plus réel. Le Cid avoit à combattre Sophonisbe, Pièce armée à la

Romaine, & de pied-en-cap, Guerrière Dramatique, dont il n'étoit pas facile de se rendre vainqueur; & Mélite n'eût qu'à se montrer, pour terraffer des monftres impuiffans & foibles, des avortons armés par le délire des imaginations Romanefques, & qu'un fouffle du Génie devoit réduire en pouffière. Le Cid, enfin, a été la première bonne Tragédie régulière. Mélite a été la plus régulière, & la première bonne Comédie d'intrigue, comme *le Menteur* a été la première bonne Comédie de caractère. On ne dit rien des premières Comédies du Grand-Corneille, & on ne les lit jamais, parce qu'en parlant d'un homme riche, qui a plufieurs beaux Châteaux, on ne cite guères les maifons ruftiques & fimples où logent fes Fermiers & fes Domeftiques.

J'ai lû en cent endroits différens, & j'ai cent fois entendu dire, que le Grand Corneille étoit plein de refpect pour le Poéte Rotrou, & qu'il l'appelloit fon père. Voilà une Anecdote qu'il faut reléguer, ainfi que beaucoup d'autres, dans la claffe des menfonges imprimés. Rotrou étoit né en 1609, & Pierre Corneille en 1606. Appelle-t'-on fon père, un homme qui a trois ans moins que foi? Non, certainement : c'eft donc du côté du génie que Rotrou avoit conquis cette paternité; mais ce fut en 1631 que parût *Mélite*, &

l'*Hyppocondriaque*, première Pièce de Rotrou , fut représentée en 1628 , & imprimée en 1631. *La Bague de l'oubli*, fa feconde Pièce, repréfentée en 1628, ne fut imprimée qu'en 1635. *Cléagenor & Doriftée* , repréfentée en 1631 , ne fut imprimée qu'en 1636. Quant à *Venceflas* , il fut poftérieur au *Cid*, de douze années. Or, l'Hippocondriaque, la Bague de l'oubli, Cléagenor & Doriftée, font des Pièces déteftables , bien inférieures à la Comédie de *Melite* , & qui eurent infiniment moins de fuccès que cette dernière. Rotrou n'avoit donc fur Corneille, ni l'antériorité du génie, ni celle de l'âge : ce n'étoit donc que par un excès d'humilité ou de politeffe, que celui-ci pouvoit l'appeller fon père ; mais fi l'homme qui a dit : *Je ne dois qu'à moi feul toute ma renommée*, pouvoit être poli, affurément il n'étoit pas humble. Comment fe fait-il donc que Corneille ait appellé Rotrou fon père ? Je n'en fais rien : ce qu'il y a de fûr ; c'eft que du moment que Corneille eut donné Mélite, il n'eut plus en Littérature, ni père , ni fupérieur, ni maître , ni rival.

J'ouvre les Éloges des hommes illuftres, par Perraut, & j'y lis, que Corneille *avoit retranché, autant qu'il avoit pu, la paffion de l'amour de fes derniers Ouvrages , parce qu'il étoit convaincu qu'elle étoit, en quelque sorte, indigne du Cothurne, & que ce sentiment avilissoit presque toujours les Pièces où il se trouvoit.* J'ouvre ensuite le Théâtre de Corneille : j'y lis, Othon, Attila, Tite & Bérénice, Pulchérie & Surena, qui sont ses derniers ouvrages : je vois qu'il n'y a pas une de ces Pièces où il n'y ait deux ou trois intrigues d'amour, & que Corneille *y a mis de l'amour autant qu'il a pu.* Je vois dans Surena, Euridice amoureuse de Surena, qui l'adore : j'y vois Palmis, sœur de Surena, qui aime le Prince Pacorus, lequel aime Euridice. Je vois, enfin, ce Héros, ce grand Surena.

Des Parthes le mieux fait d'esprit & de visage,
Et qui sait rétablir les Rois dans leurs États.

Je le vois, dis-je, se piquant de belle passion, refuser Mandane, fille du Roi des Parthes, pour rester fidèle à Euridice ; je le vois, enfin, mourir victime de sa tendresse. Je vois que Surena, la dernière Pièce du Grand-Corneille, est après le Cid, la Pièce de Corneille où il y a le plus d'amour. J'ouvre la Comédie-Héroïque de Pulchérie, & j'y vois qu'elle commence par ces Vers :

Je vous aime, Léon, & n'en fais point mystère ;
Des feux tels que les miens n'ont rien qu'il faille taire ;
Je vous aime, &c.

Et lorsque Pulchérie ménace Léon de se retirer
en Judée, si ses desseins sont trahis ; je vois Léon
se troubler, & je l'entends répondre :

J'y mourrais de douleur, en adorant vos charmes.

Je l'entends ajouter :

Là mes yeux sans relâche, attachés à vous voir,
Feraient de mon amour mon unique devoir.

Lorsque Léon parle à Pulchérie de ses nombreux
rivaux, je l'entends lui répondre : *ils ont tous des
maitresses.* En effet, il n'est pas dans cette Pièce
jusqu'à Martian,

Qui a, tout vieux qu'il est, plus de vertu que d'âge.

Il n'est pas jusqu'au vieux Martian qui ne soit
amoureux de cette Pulchérie, & qui ne lui dise à
l'exemple des autres :

Depuis plus de dix ans je languis, je soupire ;

& qui ne finisse par l'épouser.

On connoît le sujet de Bérénice, on sait que
c'est un combat de l'ambition & de l'amour ;
mais ce qu'on a oublié, peut-être, c'est que dans
la Bérénice de Corneille, il y a un Domitien,
frère de Titus, amoureux d'une certaine Domitie,
qui dit, en parlant d'elle-même :

Quand je crois m'être mise au-dessus de l'Amour,
L'Amour, vers son objet me rappelle à son tour.

Ce qu'on a oublié, peut-être ; c'est que Domitien

déclare en ces mots sa passion à cette Domitie :

Faut-il mourir, Madame, & , si proche du terme ,
Votre illustre inconstance est-elle donc si ferme ,
Que les restes d'un feu que j'avais cru si fort ,
Puissent , dans quatre jours , se promettre ma mort ?

Ce qu'on a oublié, peut-être, c'est que le Grand-Corneille fait dire à Titus, lorsque Bérénice refuse sa main :

Madame, en ce refus un tel amour éclate,
Que j'aurais pour vous l'ame au dernier point ingrate,
Et mériterais mal ce qu'on a fait pour moi,
Si je portais ailleurs la main que je vous doi.
Tout est à vous : l'Amour, l'honneur, Rome l'ordonne, &c.

De Tite & Bérénice, je remonte à Othon : & que vois-je dans cette Pièce ? J'y vois cet Othon, un Sénateur Romain, amoureux de Plautine, fille du Consul Vinius, & qui dit, en parlant d'elle :

Tout m'en plaît, tout m'en charme, & mes plus chers scrupules,
Près d'un objet si cher passent pour ridicules.

J'y vois une Camille, nièce de Galba, amoureuse de ce même Othon, au point de dire des injures à sa rivale, & de conspirer, par jalousie, la mort de son amant: j'y vois, enfin, cet Othon, prêt à sacrifier l'Empire & sa vie même à sa maitresse, à qui un certain Martian ose déclarer sa flâme, quoiqu'il ne soit qu'un affranchi.

Que Charles Perrault, qui étoit Contrôleur des

Bâtimens, se soit trompé en parlant de Corneille, je le conçois : il se connoissoit plus en Architecture qu'en Poésie ; mais que le sage, le Philosophe Fontenelle, ait adopté les erreurs de Perraut, voilà ce que j'ai peine à comprendre, Or, il est certain que Fontenelle dit, en parlant d'Attila, que son oncle, *le Grand Corneille, n'y mit point d'amour, & qu'il dédaigna fièrement d'avoir de la complaisance pour ce nouveau goût.* Cependant ceux qui ont lû Attila, savent très-bien qu'il y a là un certain Ardaric, qui brûle pour la Princesse Ildione, & qui lui dit, en parlant de Rome :

Vos yeux l'emporteront sur toutes ses grandeurs, &c.

Corneille, enfin, a mis de l'amour jusques dans Œdipe, sujet terrible, où certainement il n'en falloit point mettre. Pourquoi tant de fadeurs élégiaques, tant de langueurs pastorales dans les derniers Ouvrages de Corneille ? S'il est difficile de deviner la raison qui a fait nier à Fontenelle qu'il y en eût, il l'est moins de dire pourquoi il y en a. Lorsque Corneille s'éteignoit, Racine répandoit sur le Théâtre une clarté jusqu'alors inconnue. Andromaque avoit paru, & cette Pièce, toute pleine d'amour, avoit mis ce sentiment à la mode. Corneille, il faut l'avouer, eut la foiblesse de payer un tribut à ce goût naissant : Corneille,

renonçant à son genre admiratif, chercha, à
l'exemple de Racine, à remuer le cœur par la
peinture des paſſions, & ſur-tout par celle de
l'amour, qui en eſt le premier mobile. Diſons-le
donc hautement: Corneille ſe gâta en voulant
imiter Racine, comme Racine s'étoit gâté en
voulant imiter Corneille. Les preuves en ſont dans
Alexandre & Surena : celle-ci eſt une foible co-
pie des chefs-d'œuvres de Racine, & l'autre une
eſquiſſe imparfaite des Pièces immortelles de
Corneille. Racine avoit tant de diſpoſitions pour
le pathétique, & Corneille étoit ſi bien né pour le
grand, que ces deux hommes n'ont pû ſe heur-
ter, ſans ſe renverſer l'un l'autre, & que leur
chûte reſpective eſt née de la réaction même
de leur génie. Oui, qu'on liſe avec attention
les Tragédies de Suréna & d'Alexandre, on
cherchera envain dans celle-ci les muſcles des
Héros, qui percent, pour ainſi dire, au travers
de la draperie, dans les portraits d'Horace, de
Cornélie & de Cinna. On remarquera dans l'autre,
un vieux Athlète fatigué, ſubſtituant l'adreſſe à
la force, & les grâces à l'énergie. L'Alexandre,
offrira le Corrége, qui s'efforce d'imiter le Pouſſin,
& Suréna préſentera Hercule dépoſant la maſſue,
pour combattre avec le Ceſte.

Ainſi donc, il eſt permis de dire que, ſi Cor-

neille & Racine ont influé fur leur fiècle, ces
deux grands hommes ont à leur tour influé beaucoup l'un fur l'autre : mais il eft vrai auffi que
Racine voyant le pas infructueux qu'il avoit fait
dans le Domaine de Corneille, retourna en ar-
rière, & s'éleva à la haute place, d'où l'on ne
l'a point vu defcendre, & que Corneille tomba
du Trône, en voulant trop s'avancer dans les
Etats de Racine.

Plufieurs Critiques habiles, prétendent qu'Andromaque eft la Pièce de Racine la plus parfaite,
comme Tragédie, & qu'il n'a pas été plus loin.
D'autres, ont obfervé que le germe de cette belle
Pièce, étoit dans le Pertharite du Grand-Corneille.
Ici, en effet, Grimoald menace Rodelinde de
faire mourir fon fils, fi elle ne l'époufe point,
comme Pyrrhus veut faire périr Aftianax, fi Andromaque ne lui donne point la main. Edvige
eft jaloufe, ainfi qu'Hermione, & veut ainfi qu'elle
fe venger d'un inconftant. Il y a entre les deux
Pièces d'autres reffemblances, qui n'ont pas pû
naître du hafard. Ces Critiques en ont trouvé
d'auffi grandes, entre Héraclius & Athalie, &
voilà pourquoi quelques partifans de Corneille
ont comparé Racine au roitelet, qui, caché fous
l'aile de l'aigle, & porté par lui jufqu'au
plus haut des Cieux, en fort tout-à-coup, lorf-

que celui-ci ne peut plus monter, & s'élevant
au-deſſus de lui de quelques coudées, ſe fait déclarer Monarque des oiſeaux. Si cette comparaiſon étoit juſte & vraie dans toutes ſes parties,
il s'enſuivroit que Corneille auroit créé le Théatre
& Racine.

Il y a deux ou trois points de contact entre
Corneille & Racine, & l'on n'a ceſſé d'en faire des
paralelles. Il y en a mille entre Sakeſpear &
Corneille, & rarement on les a comparés. Que
de beautés l'on admire dans Sakeſpear, qui ſont
les mêmes dans Corneille ! Tous deux ont peint
les Romains avec la même énergie; mais non avec le
même déſordre. Sakeſpear eſt un beau courſier,
encore dans les haras, & à qui l'on n'a point impoſé de joug : Corneille ſe l'eſt impoſé lui-même.
Que Corneille eût aimé Sakeſpear, s'il eût pû
le connoître ! Appuyé ſur Lucain, il l'a paſſé
de toute la tête : appuyé ſur Sakeſpear, il eût
été ſi grand, que l'œil humain n'auroit pû le
meſurer.

On a aſſez vanté les chefs-d'œuvres de Corneille ; c'eſt-à-dire, Cinna, Polieucte, le Cid, les
Horaces, Rodogune : on en a ſuffiſamment ſenti le
mérite ; mais a-t'-on rendu la même juſtice aux
dernières Tragédies de ce grand homme ? Voltaire
voit vingt de ſes Pièces *dans leſquelles à peine y*

a-t-il un morceau qui demande grâce pour le reste: ce sont ses termes ; & dans le Temple du Goût, il lui fait jetter au feu *Pulchérie* & *Suréna*. Voltaire me rappelle cet Anglois faftueux, qui, voulant aider un avare à chercher une guinée, qu'il avoit laiffé tomber dans l'ombre, alluma volontairement un billet de banque de 100000 liv. & s'en fervit comme d'un flambeau pour l'éclairer. Voltaire me paroît fort généreux du bien de Corneille; Pulchérie, Othon, Attila, Suréna, ne font pas des chefs-d'œuvres, fans doute; mais ces vieilles médailles ont bien leur mérite. Si la galanterie ou un amour froid les défigure, fi le goût Raffinien qui domine dans quelques-unes, en a effacé l'empreinte ; on voit néanmoins qu'elles font frappées au coin du génie. Sans parler des quatre vers d'Othon fi beaux & fi renommés, j'avoue ne rien connoître de plus élevé, de plus fier & de plus grand, que la Scène fuivante, qui eft la feconde du fecond Acte de la même Pièce:

PLAUTINE.

Que venez-vous m'apprendre?

MARTIAN.

Que de votre feul choix l'Empire va dépendre; Madame.

PLAUTINE.

Quoi ! Galba voudroit fuivre mon choix ?

MARTIAN.

Non ; mais de son conseil nous ne sommes que trois ;
Et si pour votre Othon vous voulez mon suffrage ,
Je vous le viens offrir avec un humble hommage.

PLAUTINE.

Avec ?...

MARTIAN.

Avec des vœux sincères & soumis ,
Qui feront encor plus , si l'espoir m'est permis.

PLAUTINE.

Quels vœux & quel espoir....

MARTIAN.

Cet important service
Qu'un si profond respect vous offre en sacrifice...

PLAUTINE.

Eh bien il remplira mes desirs les plus doux ;
Mais pour reconnoissance , enfin , que voulez-vous ?

MARTIAN.

La gloire d'être aimé.

PLAUTINE.

De qui ?

MARTIAN.

De vous , Madame.

PLAUTINE.

De moi-même !..

MARTIAN.

De vous : j'ai des yeux , & mon âme...

PLAUTINE.

Votre ame , en me faisant cette civilité ,

Devrait

Devroit l'accompagner de plus de vérité.
On n'a pas grande foi pour tant de déférence ,
Lorfqu'on voit que la fuite a fi peu d'apparence.
L'offre , fans doute , eft belle & bien digne d'un prix ;
Mais en le choififfant vous vous êtes mépris.
Si vous me connoiffiez , vous feriez mieux paroître. ...

MARTIAN.

Hélas ! mon mal ne vient que de vous trop connoître ;
Mais vous-même , après tout , ne vous connoiffez pas ;
Quand vous croyez fi peu l'effet de vos appas.
Si vous daigniez favoir quel eft votre mérite ,
Vous ne douteriez point de l'amour qu'il excite.
Othon m'en fert de preuve : il n'avoit rien aimé
Depuis que de Poppée il s'étoit vû charmé.
Bien que d'entre fes bras Néron l'eut enlevée ,
L'image dans fon cœur s'en étoit confervée ;
La mort même , la mort n'avoit pû l'en chaffer :
A vous feule étoit dû l'honneur de l'effacer.
Vous feule , d'un coup d'œil , emportâtes la gloire
D'en faire évanouir la plus douce mémoire ,
Et d'avoir fçu réduire à de nouveaux fouhaits
Ce cœur impénétrable aux plus charmants objets.
Et vous vous étonnez que pour vous je foupire !

PLAUTINE.

Je m'étonne bien plus que vous me l'ofiez dire.
Je m'étonne de voir qu'il ne vous fouvient plus
Que l'heureux Martian fut l'efclave Icélus ;
Qu'il a changé de nom fans changer de vifage.

MARTIAN.

C'eft ce crime du fort qui m'enfle le courage.

B

Lorſqu'en dépit de lui je ſuis ce que je ſuis,
On voit que ce je vaux, voyant ce que je puis.
Un pur haſard, ſans nous, règle notre naiſſance;
Mais comme le mérite eſt en notre puiſſance,
La honte d'un deſtin, qu'on vit mal aſſorti,
Fait d'autant plus d'honneur, quand on en eſt ſorti;
Quelque tache en mon ſang que laiſſent mes ancêtres,
Depuis que les Romains ont accepté des maîtres;
Ces maîtres ont toujours fait choix de mes pareils
Pour les premiers emplois & les ſecrets conſeils.
Ils ont mis en nos mains la fortune publique;
Ils ont ſoumis la terre à notre politique.
Parrobe, Policlète; & Narciſſe, & Pallas,
Ont dépoſé des Rois, & donné des Etats.
On nous élève au trône au ſortir de nos chaînes.
Sous Claude on vit Félix le mari de trois Reines;
Et quand l'amour en moi vous préſente un époux,
Vous me traitez d'eſclave & d'indigne de vous.
Madame, en quelque rang que vous ayez pû naître;
C'eſt beaucoup que d'avoir l'oreille du grand Maître.
Vinius eſt Conſul, & Lacus eſt Préfet:
Je ne ſuis l'un ni l'autre, & ſuis plus en effet;
Et de ces Conſulats & de ces Préfectures,
Je puis, quand il me plaît, faire des créatures.
Galba m'écoute enfin, & c'eſt être aujourd'hui,
Quoique ſans ces grands noms, le premier d'après lui.

PLAUTINE.

Pardonnez donc, Seigneur, ſi je me ſuis mépriſe.
Mon orgueil dans vos fers n'a rien qui l'autoriſe:
Je viens de me connoître, & me vois à mon tour
Indigne des honneurs qui ſuivent votre amour.

Avoir brifé ces fers, fait un dégré de gloire
Au-deſſus des Conſuls, des Préfets, du Prétoire;
Et ſi de cet amour je n'oſe être le prix,
Le reſpect m'en empêche, & non plus le mépris.
On m'avoit dit, pourtant, que ſouvent la nature
Gardoit en vos pareils ſa première teinture;
Que ceux de nos Céſars qui les ont écoutés,
On tous ſouillé leurs noms par quelques lâchetés;
Et que pour dérober l'Empire à cette honte,
L'univers a beſoin qu'un vrai Héros y monte.
C'eſt ce qui me faiſoit y ſouhaiter Othon;
Mais, à ce que j'apprends, ce ſouhait n'eſt pas bon:
Laiſſons-en faire aux Dieux; & faites-vous juſtice.
D'un cœur vraiment Romain dédaignez le caprice.
Cent Reines à l'envi vous prendront pour époux:
Félix en eut bien trois, & valoit moins que vous.

On vante l'ironie qui règne dans quelques
Scènes de Nicomède. En eſt-il de plus ſublime
& de plus foudroyante que celle-ci? Quoique le
Lecteur ne ſoit pour rien dans cette querelle, il
en eſt preſque terraſſé autant que Martian lui-
même. Voilà, ſi je puis parler ainſi, voilà de ces
beautés d'inſtinct, qui doivent rendre l'Auteur plus
étonné de ſon Ouvrage, que le Public ne l'eſt
de ſon génie. Maintenant je prierai Voltaire de
me dire ſi un pareil morceau *demande grâce pour
le reſte*. La ſeule interrogation *avec* vaut toute
une Tragédie, & je ne conçois pas, pourquoi ce

mot n'est pas plus connu. Un Vers qui l'est beaucoup :

Non, je ne pleure pas, Madame, mais je meurs.

Ce vers seul mériteroit bien que la Pièce fût
retirée des flâmes, supposé que l'Auteur du
Temple du Goût fût assez abandonné du goût
pour l'y jetter.

Il me reste à dire quelque mots sur le style du
Grand-Corneille. L'Abbé du Bos, dans ses Réflè-
xions sur la Poésie & la Peinture, pense que le
Public enchanté de la Poésie de style du Cid &
de la mort de Pompée, ne se lasse point de les
admirer, & les place fort au-dessus de plusieurs
autres, dont les mœurs sont meilleures, & dont
le plan est régulier. Le Cid est mis au-dessus de
plusieurs autres, moins pour la poésie du style,
que pour la vivacité de l'action & du dialogue,
& l'Abbé du Bos s'est trompé tant soit peu sur
cette Pièce ; mais il a eu raison quant à la mort
de Pompée, & en général, il auroit pû affirmer
que Corneille est de tous nos Poëtes Drama-
tiques, celui qui a le plus de poésie de style. J'entends les partisans de Racine crier au blasphême :
qu'ils s'appaisent. Je vais m'expliquer. Le style de
Racine est peut-être le plus parfait qu'il y ait
dans aucune Langue. Il y a long-tems qu'on l'a

dit, & il eſt inutile de le redire : il y a long tems
que pour la verſification & les parties qui conſti-
tuent ſon méchaniſme, on l'a comparé à Virgile,
& il y a long-tems que tous les bons eſprits,
ont approuvé la comparaiſon. A Dieu ne plaiſe
qu'en voulant rendre à Corneille ce qui lui
eſt dû, j'ôte à Racine ce qui lui appartient ;
mais ſi le ſtyle de Racine a ſon mérite particulier,
celui de Corneille en a auſſi un qui lui eſt propre.
Le ſtyle de Racine n'eſt peut-être ſi parfait, que
parce que les idées ſe ſuccédent dans ſes pé-
riodes avec un art admirable, qu'elles y marchent
pour ainſi dire graduellement, qu'il y a enfin la
même ſimplicité dans ſes phraſes que dans ſes
plans. De-là cette clarté ſoutenue, cette douce
abondance & le charme inexprimable de ſon
langage. C'eſt par d'autres procédés que Corneille
nous étonne & anime ſa diction. Examinez la
contexture de ſes phraſes, vous verrez qu'il y
conduit toujours pluſieurs idées à la fois, & que
les couchant ſur pluſieurs lignes différentes, il
en forme ces belles & fortes antithèſes qui les
terminent. C'eſt ſur-tout dans les Horaces, Cinna
& ſes autres chefs-d'œuvres, qu'il a cette manière
pleine & vivante, qui offrant à l'eſprit, ſoit
pluſieurs images, ſoit pluſieurs ſentimens, lui
donne à penſer fortement, à ſe replier ſur lui-

même, & l'accable quelquefois de trop de nourri-
ture. Corneille reſſemble à un habile Général, qui
fait marcher de front & manœuvrer à la fois deux
ou trois corps d'armées. S'il a peu d'harmonie
dans les mots, il en a toujours une admirable
dans les penſées : pas une idée qui ne correſ-
ponde à une autre, pas une penſée qui ne ſoit,
pour ainſi dire, paralelle avec une autre penſée;
mais les mots qui rendent ces dernières, n'étant
point rangés comme elles, & placés les uns vis-
à-vis des autres, doivent néceſſairement ſe heur-
ter, s'entrechoquer ſouvent dans la route, & de-là
doit réſulter un tout, offrant plus d'ordonnance à
l'eſprit qu'à l'oreille. Racine entrelaſſe à merveille
les fils de ſon expreſſion ; mais chacun de ſes fils
eſt ſimple. Ils ſont doubles & quelquefois triples
chez Corneille : voilà pourquoi ſon tiſſu préſente des
aſpérités, & ſi je puis me ſervir de ce terme, des
rugoſités nombreuſes, tandis que celui de ſon rival eſt d'un moëlleux & d'un fini admirables.
Racine rend tellement les ſyllabes amies, que
rien ne peut plus les ſéparer : Corneille unit ſi
fortement les penſées entr'elles, que ſes phraſes
reſſemblent à autant de nœuds gordiens, qu'on
ne peut délier ſans les rompre. Voilà quant à
l'enſemble de leur ſtyle, leurs différences reſ-
pectives. On prétend que Racine écrit mieux que

Corneille, & il faut bien le croire, puifque tout
le monde le dit ; mais quant à ce qui conftitue
la poéfie de ftyle, quant à ces heureufes alliances
de mots qui femblent s'exclure, & qui forment
plus particulièrement le langage des Mufes, quant
à ces expreffions qu'on pourroit appeller *trouvées*,
parce qu'il eft bien rare que le génie les cherche,
il me paroit certain qu'il y en a plus dans Corneille que dans Racine, & il y en a quelques unes
dans Racine qu'on rencontre dans Corneille. M. de
la Harpe prétend que Racine n'avoit point étudié
les convenances dans les Ouvrages de Corneille :
j'y confens ; mais Racine y avoit fûrement puifé
les expreffions fuivantes. Agamemnon dit dans
la première Scène d'Iphigénie :

Ce nom de Roi des Rois & de Chef de la Grèce,
Chatouilloit de mon cœur l'orgueilleufe foibleffe.

Achorée dit en parlant de Céfar, Scène première
du troifième Acte de Pompée :

L'aife de voir la terre à fon pouvoir foumife,
Chatouilloit malgré lui fon âme avec furprife :

On lit dans la Scène dernière de Bérénice :

Les larmes de la Reine ont éteint cet efpoir.

On lit dans Attila, Acte V :

Et toute ma fierté dans mes larmes éteinte.

B 4

Théfée dit à Neptune, en parlant de fon fils, Acte IV. de la Tragédie de Phédre :

Etouffe dans fon fang fes defirs effrontés.

Ptolomée en parlant de Pompée, dit d'une manière plus hardie encore & plus heureufe, Scène premiere de la Tragédie de Pompée :

Dans le fang de Pompée éteignons fa fierté.

Orefte dit, Acte troifième d'Andromaque :

Et nos Grecs irrités
Ont lavé dans fon fang fes infidélités.

Le vieil Horace dit, en parlant de fon fils qu'il croit coupable :

Ces mains, ces propres mains
Laveront dans fon fang la honte des Romains.

Epheftion dit, en parlant d'Alexandre :

N'allez point dans fes bras irriter la victoire.

Cette expreffion a bien pû naître de cet hémiftiche de Camille, qui dit en parlant d'Horace, vainqueur de Curiace :

Offenfer fa victoire.

Néron dit à Agrippine, Acte IV. de la Tragédie de Britannicus :

Allez donc & portez cette joie à mon frère.

Pompée dit à Sertorius, Acte III. de Sertorius :

Une feconde fois n'eft-il aucune voie
Par où je puiffe à Rome emporter quelque joie ?

Phédre dit, en parlant de fes enfans, Acte troifième, de la Tragédie qui porte fon nom :

Le fang de Jupiter doit enfler leur courage.

Martian dit, en parlant de lui-même, dans l'Acte II. de la Tragédie d'Othon :

C'eft ce crime du fort qui m'enfle le courage.

Et Ptolomèe dit, en parlant de Céfar, Acte IV. de Pompée :

Céfar, que tes exploits n'enflent plus ton courage.

On voir par ces rapprochemens que Racine a puifé dans Corneille ces belles expreffions, *d'enfler le courage, de porter la joie, d'étouffer, de laver dans le fang, de chatouiller le cœur,* &c... Quoique ces alliances de mots foient très-heureufes, malgré leur hardieffe, en voici qui ne le font pas moins. Quel autre que Corneille auroit ofé dire :

Ce Craffus tout gonflé d'un vieux mépris de Rois.

Acte I. de Suréna.

Qu'on rêve avec plaifir, quand notre âme bleffée,
Autour de ce qu'elle aime, eft toute ramaffée.

Pulchérie, Acte II.

Et fous l'obfcurité d'une longue tutelle,
Cet habit & ce nom règnoient tous deux plus qu'elle.

Ibid, Acte V.

N'y perdez point de tems, allez fans plus rien taire
Tâter jufqu'en ce cœur les tendreffes de frère.

Tite & Bérénice, Acte I.

Aux périls de Sylla vous tâtez leur courage.

Sertorius , Acte III.

La terreur de mon nom , pour nouveaux compagnons ,
Leur donne les Alains , les Francs , les Bourguignons.

Attila , Acte I.

Et quand, pour l'en punir , je crois prendre un grand Roi ,
Je ne prends qu'un grand nom , qui ne peut rien pour moi.

Ibid , Acte II.

Et sur l'orgueil brisé des plus superbes têtes ,
De sa course rapide entasser les conquêtes.

Ibid , Acte II.

Je veux, je tâche envain d'éviter par la fuite
Ce charme dominant qui marche à votre suite.

Ibid , Acte III.

Et le Généralat comme le Diadême ,
M'érige sous votre ordre en fantôme éclatant ,
En colosse d'Etat, qui de vous seul attend
        L'ame qu'il n'a pas de lui-même.

Agésilas , Acte III.

Je voudrois seulement vous faire souvenir
    Que j'ai près de trente ans commandé vos armées,
Sans avoir ramassé que ces nobles fumées
        Qui gardent les noms de finir.

Ibid , même Acte.

Et tous trois à l'envi s'empresser ardemment ,
A qui dévoreroit ce règne d'un moment.

Othon , Acte I.

Je veux bien assurer votre main à Pison ,
Et l'Empire aux Tyrans qui font régner son nom.

Othon , Acte III.

De ce mourant amour les ardeurs ramaſſées,
Jettent un feu plus vif dans nos ames glacées.

Sophonisbe, *Acte V.*

Je ſuis femme, & mon ſexe accablé d'impuiſſance, &c.

Sophonisbe, *même Acte.*

De ſa haine aux abois la fierté ſe redouble.

Sophonisbe, *même Acte.*

Ce n'eſt qu'un joug pompeux qu'on veut jetter ſur moi.

Théodore, *Acte I.*

Faire voir ſur ſes nefs la victoire flottante.

Pompée, *Acte I.*

C'eſt-là que tu verras ſur la terre & ſur l'onde
Le débris de Pharſale armer un autre monde.

Ibid, *Acte V.*

Tremble, & crois voir bientôt trébucher ta fierté.

Sertorius, *Acte I.*

Rome à ces grands deſſeins ouvrira tous ſes bras.

Sertorius, *Acte III.*

Le fils tout dégoûtant du meurtre de ſon père.

Cinna, *Acte I.*

On voit dans ces citations, *un fils dégoûtant*
d'un meurtre, une ville ouvrir des bras, un débris
armer un monde, une victoire qu' flotte, une haine
aux abois, un nom qu'on fait régner, un coloſſe
qui attend un âme, un charme qui marche, des têtes
dont l'orgueil eſt briſé, un grand nom que l'on prend
comme avec la main, un courage & des tendreſſes

que l'on tâte, un habit & un nom qui règnent, &c,
&c..... Toutes ces expreſſions paroîſſent barbares
& forcées, tirées hors du cadre où le Peintre les
a miſes ; mais quel éclat & quelle vie ne donnent-
elles pas au Tableau! J'en rapporterois beaucoup
d'autres ſi je ne craignois de fatiguer mes Lec-
teurs. En voila aſſez, je penſe, pour leur prouver
que Corneille avoit au plus haut point la poéſie
de ſtyle.

Les deux Pièces de Racine, où il y a le plus
de ces alliances heureuſes, ſont Eſther & Athalie.
Eſther, ſur-tout, me paroit être, à cet égard, le
plus beau monument de la Poéſie Françoiſe.
Racine y a tranſporté, avec un art admirable, toute
la pompe Orientale des Livres Saints, tout le
coloris, toute la majeſté de l'Ecriture. Racine
dans ſes autres Pièces a eu au ſuprême dégré le
talent de s'approprier les expreſſions d'Euripide,
de Séneque, de Tacite, d'Horace même, & de
preſque tous les anciens, qu'il connoiſſoit à fond.
Il leur doit celles qu'il n'a point empruntées de
Corneille ; mais celles que je viens de citer & une
foule d'autres, non moins heureuſes, à qui
Corneille les doit-il? Si ce n'eſt à lui-même. Dans
les ſeules Tragédies de Pompée & de Sertorius,
il y a autant de ces figures hardies, avouées par
le goût, qu'il y en a dans les ſix premières Tra-

gédies de Racine. Il y en a auſſi quelques-unes
que le goût déſavoue, j'en conviens; mais il faut
convenir auſſi que la plûpart des rivaux de
Corneille, ſoumis au caprice de la Langue Françoiſe, ont l'air d'être ſes eſclaves ; que Corneille,
pour s'en faire obéir, n'avoit qu'à dire : je le veux:
qu'elle fût toujours à ſes ordres , & que ſon génie,
tout Romain, a exercé ſur elle une éternelle
Dictature.

LA CENTENAIRE

DE CORNEILLE,

OU

LE TRIOMPHE DU GÉNIE,

PIÉCE EN UN ACTE, EN VERS LIBRES ;

Repréſentée ſur les Théâtres publics de Rouen & de Bordeaux le premier Octobre 1784.

Is verus triomphus eſt cùm benè de Republicâ meritis teſtimonium à conſenſu Civitatis datur. Cic. Philip. 14.

PERSONNAGES.

APOLLON.

MELPOMENE.

THALIE.

POLYMNIE.

SCUDÉRY.

LE GÉNIE de l'ancienne Rome.

LE GRAND CORNEILLE, Personnage muet.

Les principaux Personnages des Tragédies & Comédies du Grand Corneille, Rodrigue, Horace, Cinna, Pompée, Auguste, Dorante, Don-Sanche, &c. Tous Personnages muets.

MUSES.

BEAUX-ARTS.

SUITE.

LA

LA CENTENAIRE
DE CORNEILLE,
OU
LE TRIOMPHE DU GÉNIE.

SCENE PREMIERE.

APOLLON, MELPOMENE, THALIE.

APOLLON.

Qu'ai-je appris ? En ces lieux je fais tout préparer
    Pour recevoir ce père du Théâtre:
      Toute ma Cour qui l'idolâtre,
Les Muses & les Arts brûlent de l'honorer,
Et le Dieu qui commande aux rives infernales,
      Pluton le refuse à mes vœux !
Ce Monarque ennemi des pompes triomphales,
Le retient, malgré moi, dans ces bosquets heureux
Qu'entourent trois torrens de leurs ondes fatales.

C

O d'une fête augufte inutiles apprêts !
(*à Melpomene*).

   Que je vous plains , fenfible Melpomène !
Vous , qui l'avez inftruit à régner fur la Scène ,
Vous , dont il a furpris les plus nobles fecrets !

MELPOMENE.

Avec raviffement , du vieillard vénérable ,
Mes yeux , après un fiècle , euffent revu les traits.
Que Pluton eft un Dieu cruel ! inéxorable !
   Je ne fonge point fans regrets
   A ce refus impitoyable.
   De ce Dieu les triftes rigueurs
Ne pourront toutefois lui ravir notre hommage :
   Nous lui réfervions des honneurs ,
   Que nous rendrons à fon image.

APOLLON *à Thalie*.

Thalie au front joyeux , & dont l'efprit badin ,
Des travers , en riant , corrige la licence ,
   Thalie avec moins de chagrin ,
Du Tragique fameux fupportera l'abfence.

THALIE.

Pourquoi cela ? … Corneille eft auffi mon Auteur ,
   Celui qui de la Tragédie
   Chez les François fut l'inventeur ,
   L'eft auffi de la Comédie :
   Il leur a donné *le Menteur*.
   Mais dans ce docte Sanctuaire ,
A l'infçu d'Apollon , quel mortel ofe entrer ?

SCENE II.

LES PRÉCÉDENS, SCUDÉRI.

SCUDERI.

J'AI cru, fans être téméraire,
Qu'un Auteur, tel que moi, pouvoit y pénétrer.

APOLLON.

Qui donc êtes-vous ?

SCUDERI.

Je me nomme
George de Scuderi : j'ai fait vingt mille vers,
Dont le bruit a porté mon nom dans l'univers ;
Et partant je fuis un grand homme.
Je dois être connu du Seigneur Apollon.

APOLLON.

Non. J'avois oublié vos vers & votre profe ;
On ne s'en fouvient plus dans le facré vallon.

SCUDERI.

On ne s'en fouvient plus ! J'en ignore la caufe.
Mes vers font affez beaux pour être retenus ;
Le ftyle en eft aifé, le tour Académique.
Et le Cid ? Vous favez que j'en fis la critique.
Que d'efprit il y règne ! On diroit que Momus
A diaé cet Ouvrage unique.
J'eus toujours l'art d'inftruire autant que d'amufer.

C 2

APOLLON.

La critique du Cid fervir à votre gloire ?
A ce point peut-on s'abufer ?
Si l'on en garde la mémoire ,
Ce n'eft que pour la méprifer.
Mais au Parnaffe, enfin , quel fujet vous amène ?

SCUDERI.

J'ai fçu que dans ces lieux Thalie & Melpomène
Préparoient une fête à l'un de mes rivaux :
C'eft moi qu'on doit fêter; par mes nombreux travaux,
Ma Mufe a mérité d'être ici couronnée,
Et fans doute pour moi la pompe eft ordonnée.

APOLLON.

Qu'ai-je entendu ! . . Le Gouverneur
Du Château de la Garde, afpire à cet honneur !
Les Peuples affervis fur l'Africain rivage,
Suivoient jadis le char du vainqueur de Carthage:
Celui que je veux célébrer,
Doit jouir du même avantage.
Ici vous pouvez demeurer
Pour orner fon triomphe.

SCUDERI.

Et vous le croyez digne
De cette Aporhéofe infigne !
Vous n'avez donc pas lû cet Auteur monftrueux ?
Tous fes plans font défeétueux :
Ainfi que fes Dames Romaines ;
Ses Héros ont toujours des vertus plus qu'humaines ,
Ils font toujours parés d'une fauffe grandeur.

Son ſtyle eſt froid ſouvent, & ſouvent ſans couleur;
    Ses caractères giganteſques
Ne doivent plaire, enfin, qu'aux eſprits romaneſques.
    Il a pourtant quelques beautés,
Et quelques traits heureux que le public adore ;
    Mais on y trouve plus encore
    D'incroyables abſurdités.

APOLLON.

Que je reconnois bien un ſuppôt de l'envie,
    A ces diſcours injurieux !
Muſes, voyez ſa joie, & liſez dans ſes yeux,
    Combien il a l'ame ravie,
Quand il a blaſphêmé les talens ou les Dieux !
Mais eſpère-t'-il nuire au nom du grand Corneille?
Penſe-t'-il étouffer nos généreux tranſports?
    Non. Malgré ſes lâches efforts,
Le frêlon n'aigrit point le nectar de l'abeille.
En vain, pour l'abaiſſer juſques à leur niveau,
S'uniſſent à la fois l'orgueil & l'ignorance ;
Corneille à leurs fureurs doit un luſtre nouveau.
Quel autre a donc créé la Tragédie en France ?
Eſt-ce le froid Mairet ? L'inégal du Ryer ?
Eſt-ce toi, dont le fiel crût ternir ſon laurier?
Eſt-ce Rotrou? Hardi ? Garnier ? Triſtan? Jodèle ?
Qu'on ſe détrompe enfin: Corneille le premier
Ouvrit & parcourut le tragique ſentier,
Et fait pour en ſervir, écrivit ſans modèle.

SCUDERI.

Parmi les cinq Auteurs on ſait qu'il brilla peu.

APOLLON.

Il brilla peu ! Qu'entens-je ! Eſt-ce ainſi qu'on l'outrage ?

Corneille seul eut l'avantage
De ne point usurper les dons de Richelieu.
Où sont-ils, où sont-ils, ces traits de vive flâme,
Cette touche énergique & ces mâles pinceaux,
　　　　Et ces élans d'une grande ame,
　　　　Qui ravissent dans ses tableaux?
Quand le grand Richelieu lui donna des rivaux,
On le vit s'élever comme un chêne superbe,
　　　　Au milieu des humbles roseaux
　　　　Qu'il laisse ensevelis sous l'herbe,
Et monter à ce rang où l'on n'a plus d'égaux.
Semblable à Jupiter, dont la toute-puissance
　　　　Force l'impie à l'adorer;
S'il a quelques jaloux, sa rapide éloquence
Les poursuit, les atteint, les réduit au silence,
　　　　Et les condamne à l'admirer.
Oui, l'admiration est le ressort sublime
　　　　Que sa main fait toujours mouvoir;
Et par elle sur nous il a tant de pouvoir,
Que pour ses défauts même il commande l'estime.

SCUDERI.

Rien n'est plus fatiguant que d'admirer toujours,
　　　　Et, selon moi, c'est un vice notable
　　　　Que d'être toujours admirable.

THALIE.

Ce vice est rare de nos jours.
Il en faut convenir.

APOLLON.

　　　　　　Sur nos doctes collines
Homère a mérité d'obtenir des autels;

Corneille en doit avoir : jufqu'aux vertus divines
  Corneille élève les mortels.
A côté l'un de l'autre , il faut que dans les nues
  Ils portent leurs fronts révérés.
Que par les mêmes chants leurs noms foient confacrés,
Et que le même encens parfume leurs ftatues.
   Comme aux accens de tous les deux
   S'enflâment les cœurs généreux !
De tous deux aux Héros , que la lecture eft chère!
Alexandre eût voulu que la Mufe d'Homère
   Célébrât fes exploits vainqueurs.
Corneille au grand Condé fit répandre des pleurs.

SCUDERI.

Je ne puis le nier, Homère eft un grand homme ;
   Mais ce Poëte fi vanté ,
Du vrai génie au moins eut la variété ;
Et Corneille n'a peint que les Héros de Rome.

APOLLON.

Mufes , vous entendez ces blafphêmes nouveaux ,
Allez donc raffembler les divers perfonnages
   Qui naquirent de fes pinceaux ,
Et faites-lui fur l'heure expier fes outrages.

SCENE III.

APOLLON, SCUDÉRI.

SCUDÉRI.

ADMIREZ tant qu'il vous plaira
Sa grandeur, sa touche divine,
Son élévation, sa force, & cœtéra.
Pour moi, je préfère Racine.

APOLLON.

Racine!... Ah! du sacré vallon,
Tu voudrois qu'on l'exclut peut-être?
Je connois ton langage, il est perfide & traître;
Je sais que sous le miel il cache l'aiguillon :
Mai toi-même, à ton tour. apprens à me connoître.
De Racine en ces lieux on adore le nom,
Et c'est lui que je voudrois être,
Si je n'étois pas Apollon.

SCUDERI.

Vous croyez donc que Racine est sans maître?

APOLLON.

Peu semblable à l'Envie, avec sincérité,
J'aime à dire la vérité.
Racine est sans rivaux; c'est le cœur & l'oreille
Que charment ses vers tour-à-tour :
Ils semblent faits, sur-tout, pour exprimer l'amour;
Mais il ne vint qu'après Corneille;
Il lui doit tout.

SCUDERI.

Quoi, tout! Corneille l'a gâté,
L'Alexandre le prouve on ne peut davantage:
Racine dans ce foible Ouvrage
Tomba, pour l'avoir imité.

APOLLON.

Les Scuderis nouveaux avec un art extrême,
L'un à l'autre sans cesse opposant les grands noms,
Espèrent par ce stratagême
Nuire aux Chantres que nous aimons.
Mais voici de quoi leur répondre.

SCÈNE IV.

LES PRÉCÉDENS, MELPOMENE, THALIE.

(Melpomène est suivie des principaux personnages Tragiques.
Thalie est suivie des principaux personnages Comiques).

MELPOMENE.

CLÉOPATRE, Félix, Nicomède, Phocas,
Sertorius, Pauline, accourez sur mes pas :
Accourez, montrez-vous, & venez le confondre.
Voici d'abord Pauline, esclave du devoir,
Qui bravant de l'amour l'invincible pouvoir,
S'illustre par un sacrifice.
Non loin d'elle, vois-tu l'assassin de Maurice,
Qui, trompé dans sa haine, ainsi que dans ses vœux,
Soit qu'il pardonne ou qu'il punisse,
Se trouve toujours malheureux.

Vois-tu la fière Cléopâtre,
Qui de meurtres avide & de sang idolâtre,
Au crime même imprime sa grandeur,
Et pénètre les sens d'une sublime horreur.
Regarde à ses côtés l'adorable Chimène,
Par qui l'amour triomphe, ainsi que Melpomène :
Son Rodrigue est près d'elle, & Don-Diègue les suit.
Parmi tous ces Héros, objets de tes blasphêmes,
En est-il, réponds-moi, dont les traits soient les mêmes ?
Admire, en frémissant, la main qui les produit :
Varié, simple & grand, ainsi que la Nature,
Va, l'esprit seul du Peintre égale la peinture.

THALIE *montrant Dorante ou le Menteur.*

Et mon ami Dorante a-t-il les mêmes traits
Que ces nombreux Héros ? Et lorsqu'il le fait rire,
Est-ce Pompée, en lui, que le public admire ?

SCUDERI.

Corneille, j'y consens, varia ses portraits ;
Mais il n'a point de goût, vous le savez, Déesses :
Vous l'avez comblé de largesses ;
Mais le goût, le goût seul embellit le talent ;
C'est le goût seul qui donne un coloris brillant :
Sans goût point de génie.

APOLLON.

O Ciel ! est-il possible !
Qu'en ces lieux !..

THALIE.

Dieu puissant des heures & des jours,
Ne souffrez pas que ce discours
Altère votre ame paisible.

Des méchants & des fots je me mocque toujours ;
C'eſt le meilleur parti. Venez , venez Dorante,
Saluez cet Auteur , dont la Muſe pédante
Ne connoît que le Goût , que le Goût ſeul enchante.
Avec du goût Corneille auroit plus réuſſi ;
Il n'avoit point de goût , la choſe eſt évidente ,
Et pour l'amour du goût , je vous ſalue auſſi.

(*Thalie & Dorante font chacun , à Scudéri , une révérence*
d'un air mocqueur.)

SCUDÉRI, *d'un ton menaçant.*

Me veut-on inſulter par ce ton d'ironie ?
On pourroit....

THALIE.

h ! Monſieur !...

SCUDÉRI.

Je fus brave autrefois.

THALIE.

Oui, vos Vers ſont fameux ainſi que vos exploits.
Mais, qui fait de la ſorte accourir Polymnie ?

SCÈNE V.

LES PRÉCÉDENS , POLYMNIE.

THALIE, *à Polymnie.*

La Déeſſe de l'Opéra,
Du Ballet & de l'Intermède ,
Veut-elle auſſi fêter le Peintre de Cinna ?

POLYMNIE.

Le Peintre de Cinna fut l'Auteur d'Andromède.
   Mon Art doit l'être à ses talens divins.
   Dans le Palais du Dieu de l'Harmonie ,
Son front doit être aussi couronné par mes mains :
Mais apprenez qu'ici des antiques Romains ,
   Vous allez voir paroître le Génie.

SCÈNE VI.

LES PRÉCÉDENS , LE GÉNIE de
l'ancienne Rome , en habit Romain.

LE GÉNIE.

DANS l'ombre de la nuit m'offrant au vieux Brutus ;
C'est moi qui lui donnai ses farouches vertus ;
C'est moi qui créai Rome, alors qu'aux bords du Tybre
   Tomba ce peuple long-tems libre,
Avec lui je tombai sous le joug des tyrans ;
Nous pérîmes tous deux ; jugez dans ces momens
A quelle douce joie en secret je me livre :
   Depuis vingt siécles révolus,
Depuis le grand Pompée , enfin , je n'étois plus ,
   Et Corneille m'a fait revivre ;
Corneille a de nouveau fait vaincre mes Romains ;
Par l'amour du pays , sur-tout par le courage ,
   J'en fis les premiers des humains ,
Corneille en fait des Dieux ; Corneille a l'avantage ,
En le reproduisant , d'embellir mon ouvrage.

De ſes mâles tableaux que j'aime les couleurs !

   Les Rois , les Mortels Conſulaires ,

Les vertus du Sénat , les troubles populaires,

La mépriſable Cour des derniers Empereurs,

Mon peuple à ſon déclin , mon peuple à ſa naiſſance,

    Ses conquêtes & ſes revers,

    Et ſa foibleſſe & ſa puiſſance ,

Il a tout peint. Rendue avec ſes traits divers ,

Rome n'eſt plus dans Rome , *elle eſt toute* en ſes Vers.

Déſirez-vous qu'ici ma bouche vous retrace

    Ces traits dont le cœur eſt frappé ?

   Rappellez-vous le vieil Horace,

    Lorſque , par un récit trompé ,

De la fuite d'un fils ſeulement occupé,

Il s'écrie en pleurant : *qu'il mourut !*

    SCUDÉRI, *à part.*

         Mot ſublime ;

Je dois en convenir....

    LE GÉNIE.

       Le tranſport qui m'anime ;

A ce mot , je le vois, paſſe dans votre cœur ;

De l'Envie & du Tems le Génie eſt vainqueur.

   Rappellez-vous , s'il ſe peut qu'on l'oublie ,

De ſa juſte colère Auguſte triomphant ;

Voyez le pardonner aux fureurs d'Émilie ,

   Ainſi qu'un père à ſon enfant.

Pour la première fois , ſur la Tragique Scène ;

Combien il m'attendrit, combien il m'étonna !

   Lorſque l'accent de Melpomene

Lui prêta ce diſcours : *Soyons amis , Cinna.*

À ces traits dont encor le souvenir me touche,
Je crus entendre un Dieu me parler par sa bouche.
O Corneille ! ô grand homme, égal à mes Héros !
Te voilà donc sorti du ténébreux Empire !
Et, pour y recevoir le prix de tes travaux,
Sur le Parnasse ; enfin, ma main t'a pu conduire.

APOLLON.

Qu'entends-je ? ce Grand Homme, objet de notre amour,
Aux Champs Élisiens, par un ordre barbare ,
Retenu jusques à ce jour,
Auroit pu repasser les Fleuves du Ténare !

LE GÉNIE.

Pluton vient à l'instant de le rendre à mes vœux.
Jadis mes Romains belliqueux
Ont peuplé les rivages sombres
De tant d'illustres Morts descendus chez les Ombres,
Qu'il n'a pu refuser à mes justes desirs,
La douceur d'augmenter vos innocens plaisirs.
Ce favori de Melpomene,
Avant de pénétrer dans ces augustes lieux,
A voulu s'arrêter aux bords de l'Hippocrène,
Dont le murmure harmonieux
A tant de fois charmé sa veine.
Je vais l'y retrouver, & bientôt, à vos yeux,
Il paroîtra sous la pourpre Romaine.
Vos regards, à loisir, pourront le contempler,
Mais la loi du Destin lui défend de parler,
Et vous le verrez sans l'entendre.

APOLLON.

De cette loi je brave sa rigueur ;

Son aspect suffira pour faire mon bonheur.
Allez, il ne faut pas plus long-tems le suspendre.

SCÈNE VII.

APOLLON, THALIE, MELPOMENE, POLYMNIE, SCUDÉRY.

APOLLON.

JE vais donc le revoir.... Momens délicieux !

THALIE.

Momens que j'attendois !

MELPOMENE.

La loi des destinées
Nous le rend après cent années.

POLYMNIE.

Que pour un tel bienfait il faut bénir les cieux !

SCENE VIII & dernière.

LES PRÉCÉDENS, SCUDERI, LE GRAND CORNEILLE, conduit par le Génie de l'ancienne Rome, THERPSICORE.

APOLLON.

C'EST lui-même en effet ; c'est lui, c'est ce Grand Homme.
Que sa présence inspire de respect !

Ne croit-on pas à fon afpect
Voir le Dieu de l'antique Rome ?
Voilà ce front augufte & ces cheveux flottans ,
Par l'étude blanchis, bien plus que par le tems.
Qui pourroit s'y méprendre ? Approche, ombre, que j'aime ,
Qu'il m'eft doux de te voir ! Je ne puis m'en laffer.
Approche, un fi grand homme eft l'égal des Dieux même ;
Sur le Trône des Dieux il faut donc le placer.

(*Aux Mufes & aux Arts*).

Mufes, & vous, Beaux-Arts, dont l'effain m'environne,
Qu'à tous les yeux , foudain, on découvre mon Trône.

(*Une toile fe lève , on voit dans le fond du Théâtre un Trône magnifiquement orné*).

Que ce Mortel y monte. Et vous , Héros nombreux
Qui par lui revivez , & dont les noms fameux
Jouiront déformais du fort le plus profpère ,
Héros qu'il a créés , faluez votre père.

(*Tous les Afteurs & Aftrices des Tragédies & Comédies de Corneille , tombent à fes genoux : ils fe relèvent & le conduifent en triomphe fur le Trône d'Apollon*).

SCUDERI.

J'enrage, en voyant les honneurs
Qu'à cet Auteur fans goût, on fe difpofe à rendre.
Il monte fur le Trône.... ô dépit ! ô fureurs !
Ne pouvant l'en faire defcendre ,
Fuyons.

APOLLON *l'arrêtant.*

Arrête, dans ces lieux
Apollon te condamne à refter immobile.
Sur ce vieillard qui vient d'embellir cet afyle ,

Attache

Attache , malgré toi, les yeux.
C'eſt ainſi, c'eſt ainſi qu'on doit punir l'envie ;
Le plus cruel tourment pour ce monſtre odieux ,
Eſt le triomphe du génie.

(*Scuderi reſte les yeux fixés ſur le grand Corneille . & voit tous les honneurs qu'on lui rend*).

Nymphes du double Mont , commencez vos Concerts ,
Et mêlez votre voix à nos Couplets divers.

CHŒUR *de Femmes.*

Honneur , honneur au grand Corneille ,
Du Parnaſſe il eſt la merveille.

MELPOMENE.

Sur le peuple le plus aimable ,
C'eſt toi qui m'as rendu mes droits ;
D'un art qui lui ſemble admirable ,
Le François ignoroit les loix.
Le Cid paroît , de Melpomène
S'étend par-tout l'heureux pouvoir :
Fier Rodrigue , tendre Chimène ,
Sans vous aimer peut-on vous voir ?

CHŒUR *de Femmes.*

Honneur, honneur, &c.

THALIE.

Je te dois auſſi mon hommage ;
O toi ! dont l'eſprit créateur
Nous offrit la riante image ,
Et les traits divers du Menteur !
C'eſt par toi que je regne en France ;
Par toi mon art fut ranimé.

D

Moliere obtint la préférence ;
Mais tu fus le premier aimé.

CHŒUR *de Femmes.*

Honneur, bonneur, &c.

POLYMNIE.

Sur le front du noble Poëte,
Je veux mettre auffi mon laurier.
De Quinaut la gloire eft complette,
Ses vers charment le monde entier ;
Mais s'ils enchantent notre oreille,
Et fi le cœur en eft touché,
Je te le dois, ô grand Corneille !
Armide naquit de Pfyché.

CHŒUR *de Femmes.*

Honneur, honneur, &c.

(*Les trois Mufes, après avoir chanté ces Couplets, vont pofer chacune une couronne fur la tête du Grand Corneille, & fe rangent enfuite à côté du Trône avec les perfonnages de fes Piéces*).

SCUDERI.

Corneille étoit l'Auteur unique
Aimé du divin Apollon.
Du Cid j'écrivis la critique,
Efpérant de flétrir fon nom.
De quoi m'a fervi cette audace?
Qu'ai-je reçu pour cet affront ?
Il plane au fommet du Parnaffe.
Je rampe au bas du double Mont.

CHŒUR.

Honneur, honneur, &c.

LE GÉNIE de Rome.

Et vous, Peuple de Normandie,
Peuple vraiment ami des Arts;
Le père de la Tragédie
A vu le jour dans vos remparts:
Ses vertus qu'ici l'on renomme,
Le font régner sur les humains.
Messieurs, imitez ce grand homme;
Et vous serez tous des Romains.

APOLLON à Therpsicore.

Therpsicore, sans vous a commencé la Fête;
Et par vous elle doit finir.
Des Talents, des Beaux-Arts que l'élite s'apprête;
Pour honorer Corneille ils doivent tous s'unir.

AU PUBLIC.

Trois Divinités du Parnasse
Par l'hommage le plus brillant;
Viennent à l'envi sur ma trace
De récompenser le talent;
C'est peu d'avoir en diadême
Ces trois couronnes sur le front;
J'en reclame une quatrième
Que vos suffrages donneront.

Un Ballet termine la Piéce

FIN.

Lu & approuvé. A Paris, le 11 Novembre 1784,

SUARD.

*Vu l'Approbation, permis d'imprimer. A Paris,
ce 25 Novembre 1784.*

LE NOIR.

LA CENTENAIRE

DE CORNEILLE,

OU

LE GÉNIE VENGÉ,

PIÈCE EN UN ACTE, EN VERS LIBRES.

Qui dixerunt Deo, recede à nobis, scientiam viarum tuarum nolumus. Job. 21.

D 3

AVERTISSEMENT.

Cette Pièce a été lue deux fois, & deux fois reçue à la Comédie Françaife; les Rôles en ont été diftribués, les répétitions commencées; quand donc fera-t-elle jouée? on l'ignore: en attendant, l'Auteur a cru devoir la publier.

PERSONNAGES.

MELPOMENE.

THALIE.

APOLLON.

Le Grand CORNEILLE.

LE FAUX-GOUT.

Un Auteur Tragique.

Un Auteur Comique.

Suite du Faux-Goût.

La Scène eft dans le Temple de Melpomène.

LA CENTENAIRE
DE CORNEILLE,
OU
LE GÉNIE VENGÉ.

Le Théâtre repréfente le Temple de Melpomène. On voit fon Trône d'un côté, & de l'autre les Buftes de Corneille, Racine, Voltaire, Crebillon, du Belloi, à quelque diftance l'un de l'autre, & rangés un peu en demi cercle.

SCÉNE PREMIERE.

THALIE, feule.

D ANS le noir Empire des ombres,
Ipomène, ma fœur, defcendit l'autre jour :
Elle alla fupplier le Dieu des rives fombres,

De lui rendre Corneille, objet de fon amour;
        Corneille, à qui dans ce féjour
Nous défirons d'offrir le plus fincère hommage,
Elle n'eft point encor de retour du voyage,
Et j'en fuis alarmée: elle auroit dû fonger
Que l'on ne peut là-bas arriver fans danger.
Devoit-elle, fur-tout, confier à Thalie
La garde de fon Temple? Ah! que ma pauvre fœur
        A fait une bonne folie!
Quand Molière vivoit, cet enjoué Cenfeur
        Me rendoit aux fots redoutable;
Il n'eft plus; fous le joug d'un tyran déteftable
Il m'a fallu plier, & je vois le faux goût
Sur ce Trône inftallé, juger ici de tout.
Mais je l'entens venir: fa figure eft grotefque,
        A fes dépens je pourrois plaifanter;
Nous aurions un débat qui deviendroit burlefque;
        Il eft plus fûr de l'éviter.

SCENE II.

THALIE, LE FAUX-GOUT, UN AUTEUR TRAGIQUE, UN AUTEUR COMIQUE, Suite du Faux-Goût.

LE FAUX-GOUT arrêtant Thalie.

EH quoi! Thalie ainfi nous quitte!
Mon afpect lui fait peur?

THALIE.

Laiffez-moi m'en aller.

LE FAUX-GOUT.

Un moment.... S'en va-t-on fi vite ?

THALIE.

Thalie & le Faux-Goût n'ont rien à démêler.

LE FAUX-GOUT.

Pourquoi donc me donner cette injufte épithète.
Je fuis le Dieu du goût, & chez moi rien n'eft faux.

THALIE.

Le Dieu du goût n'a point tous vos pompeux défauts :
Il me rend quelquefois vifite à ma toilette ;
Je le connois beaucoup ; fimple dans fes difcours,
    Plus fimple encor dans fa parure,
    Il rejette les vains atours,
    Tiffus des mains de l'impofture :
    Il eft le fils de la nature,
    Et le compagnon des amours.
Vous êtes tous les deux fort occupés à plaire ;
Mais il plaît fans effort & fans ambition,
Il en a le talent, vous la prétention.
Ce Trône fut le fien, Defpote littéraire,
Vous l'avez ufurpé, vous y donnez des loix ;
    Mais les neufs Sœurs jamais n'écoutent que fa voix.
Grâces, gaité, bonté, chez lui tout fe raffemble,
Son règne eft éternel, le vôtre eft d'un moment.
    Décidez donc préfentement
    Si ce beau portrait vous reffemble.

LE FAUX-GOUT (*à part*).

Je voudrois près de moi la fixer en ces lieux,

(*Haut, montrant sa suite*).

Sa figure me plait. Voici l'aimable élite
Des Auteurs larmoyans que je traîne à ma suite ;
J'anime leurs efforts, je préside à leurs jeux.
Habitez avec nous ce séjour gracieux,
Vous aurez du plaisir.

THALIE.

J'en rougirois dans l'ame,
Ce plaisir n'est point fait pour une honnête femme.

LE FAUX-GOUT.

Eh quoi ! seriez-vous prude ?

THALIE.

Oh ! non, en vérité ;
On connoît ma franchise ainsi que ma gaité :
Mais il me faut des jeux qu'approuve la décence,
Et toujours le faux-goût marche avec la licence.

(*Elle sort*).

SCENE III.

LE FAUX-GOUT, UN AUTEUR TRAGIQUE, UN AUTEUR COMIQUE, Suite, &c.

LE FAUX-GOUT *montant fur le Trône de Melpomène.*

PRÈs de mon Trône rangez-vous,
Nobles foutiens de mon Empire,
Et commençons, en dépit des jaloux,
Nos fçavantes leçons fur le grand art d'écrire.
Approchez, Monfieur Licidas,
Mes confeils, dont vous faites cas,
Vous ont ouvert une route hardie,
Qu'un autre ne fauroit trouver;
Et le Goût fûrement ne pourra qu'approuver
Votre nouvelle Tragédie.

L'AUTEUR TRAGIQUE.

Je ne devrai qu'à vous fes fublimes beautés;
Dans ma Pièce, d'abord, il n'eft point d'unités,
D'action, de tems, de lieu même.

LE FAUX-GOUT.

Point d'unités! bravo! c'eft ce que j'aime.
Où fe paffe l'Acte premier?

L'AUTEUR TRAGIQUE.

Dans le Sénat Romain.

LE FAUX-GOUT.

Le second ?

L'AUTEUR TRAGIQUE.

A la Chine.

LE FAUX-GOUT.

Le troisième ?

L'AUTEUR TRAGIQUE.

Au Sérail: c'est le plus régulier.

LE FAUX-GOUT.

Le quatrième ?

L'AUTEUR TRAGIQUE.

A Sparte : au Japon le dernier.

LE FAUX-GOUT.

Bravò ! braviſſimò ! L'ordonnance eſt divine.

(*A ſa Suite.*)

Eh bien ! mes chers amis, n'êtes-vous pas charmés

De voir que dans leur noble audace ,

Les Poëtes que j'ai formés ,

Bravent les vieilles loix d'Ariſtote & d'Horace ?

LA SUITE.

Bravò ! braviſſimò !

LE FAUX-GOUT.

Peut-on voulóir encor.

Enchaîner le talent , & borner ſon eſſor ?

Les règles que ſaivoient & Racine & Corneille,

Avoient le droit de plaire à nos groſſiers ayeux ;

Mais la Philoſophie a décillé nos yeux :

Il faut, pour entaſſer merveille ſur merveille ,

Il faut , pour agrandir la carrière des Arts ,
Se permetrre d'heureux écarts ,
Et d'Icare empruntant les ailes ,
Pénétrer jufqu'aux Cieux par des routes nouvelles.
(*A l'Auteur Tragique*).
Votre action eft double , ou triple apparemment ?

L'AUTEUR TRAGIQUE.
J'en ai cinq au lieu d'une.

LE FAUX-GOUT.
Oh ! l'admirable chofe !
Et votre Tragédie eft-elle en Vers ?

L'AUTEUR TRAGIQUE.
En Prôfe.

LA SUITE.
Bravò ! braviffimò !

LE FAUX-GOUT.
Voilà certainement
De nos beaux efprits le plus fage.
Voilà le plus fenfé de tous mes nouriffons,
Et celui qui de mes leçons,
A fait le plus fublime ufage.
(*A l'Auteur Comique*).
Pour vous , Monfieur Cliton , vous bornez vos talens
A compofer des Comédies :
Nous en donnerez-vous quelqu'une en peu de tems,
Remarquable à fon tour par des beautés hardies ?

L'AUTEUR COMIQUE.
J'en prépare une en ce moment ,
Qui peut-être à vos yeux aura quelque mérite ;
C'eft le Tartuffe ou l'Hypocrite.

LE FAUX-GOUT.
Un tel sujet me plaît infiniment ;
Il fournit à Molière un affez bel ouvrage ;
Mais cet ouvrage a bien vieilli :
Il eft d'ailleurs trop fimple , & c'eft vraiment dommage ,
En le rajeuniffant vous l'aurez embelli.
Sont-ce des valets , des foubrettes
Qui forment votre nœud ?

L'AUTEUR COMIQUE.
C'eft fe mocquer des gens ,
Que d'employer ces vieux agens.
Les Daves, les Martons, les Crifpins , les Lifettes ,
Par leur joyeux babil pouvoient plaire autrefois ;
Mais le rire à préfent eft devenu bourgeois.

LE FAUX-GOUT.
On ne rit donc jamais dans votre Comédie ?

L'AUTEUR COMIQUE. , *très-gravement.*
Jamais.

LA SUITE.
Bravo ! bravo !

LE FAUX-GOUT.
Monfieur, y pleure-t-on ?

L'AUTEUR COMIQUE.
Comme dans une Tragédie.

LE FAUX-GOUT.
Bravo ! bravo Monfieur Cliton ,
Pour fuivre en tout les vraifemblances ,
Vous avez, je crois , trop de fens.

L'AUTEUR COMIQUE.

Deux duels, trois reconnoiffances ;
Cinq ou fix traveftiffemens :
Un fouper dans le troifième Acte,
Au dernier deux enterremens ;
Voilà mes moyens.

LE FAUX-GOUT.

Excellens !
Que la Pièce doit être exacte ?

L'AUTEUR COMIQUE.

Elle brille, fur-tout, par les nombreux effets ;
Car, vivent les effets pour charmer au Théâtre.

LE FAUX-GOUT.

Les effets ! je les idolâtre.

L'AUTEUR COMIQUE.

C'eft par les effets feuls qu'on obtient un fuccès.

LE FAUX-GOUT.

Des effets j'amenai la mode,
Et combien je m'en applaudis !
Avec des effets, mes amis,
On fe paffe de ftyle, & rien n'eft plus commode :
Continuez, Cliton ; pourfuivez, Licidas ;
Vers l'immortalité l'on ne marche à grands pas,
Qu'en adoptant ce nouveau code.
Pour vous, mes chers amis, dont le noble Phébus,
Dont les Drames fanglans, & fur-tout les Rébus
M'ont jufques à ce jour foutenu fur le Trône,
De ces palmes que je vous donne,
Hâtez-vous de ceindre vos fronts,
Et de la main du Goût recevez la couronne.

*(Un des ſuivants du Faux-Goût lui préſente une corbeille où
il croit prendre des palmes).*

Que vois-je ?...Ce ſont des chardons....
Ce matin, par mon ordre, on les avoit cueillies
Dans les bois du ſacré vallon,
Et ce ſoir....C'eſt un tour que me joue Apollon.
Les Muſes ſont mes ennemies,
Et ce Dieu me pourſuit ; mais je ne les crains pas.
Venez donc, venez de ce pas
Répéter avec moi mon Ballet-Pantomime :
Pour les faire enrager je veux être ſublimé.

(Il deſcend du Trône & ſort avec toute ſa ſuite).

SCENE IV.

THALIE, *ſeule.*

QUE ces Meſſieurs ont fait de bruit !
Que de bravos je viens d'entendre !
Ils ont tant de goût & d'eſprit,
Que de les admirer on ne peut ſe défendre ;
Mais quel eſt ce vieillard par ma ſœur introduit?

SCENE

SCENE V.

MELPOMÈNE, LE GRAND CORNEILLE,
THALIE.

MELPOMÈNE.

EH bien, Thalie, eh bien ! durant ma longue abfence
 Vous avez gardé ce féjour
Que l'Auteur de Cinna, que Corneille en ce jour
 Vient confacrer par fa préfence.

THALIE.

Eft-ce lui que je vois ?

MELPOMÈNE.

  C'eft lúi-même.

THALIE.

       O bonheur !

Que fon afpect me charme !

MELPOMÈNE.

     Oui, voilà le grand homme
Qui de notre Parnaffe eft la gloire & l'honneur ;
  Ce Peintre de l'antique Rome,
Cet aigle qui des Cieux atteignit la hauteur,
Du Théâtre François, voilà le créateur.
Le Souverain des Morts permet que j'en difpofe :
Tout eft-il préparé pour fon Apothéofe ?

THALIE.

Oui, ma fœur : mais hélas ! tout n'a point réuffi

           E

Comme vous l'efpériez, & ce grand homme auffi.
Avant votre départ vous étiez Reine & Mufe,
Et maintenant j'en fuis confufe;
C'eft le Faux-Goût qui feul commande ici.

MELPOMENE.

Qu'entens-je !

THALIE.

De ce Temple il a brifé la porte,
Et pour lui réfifter n'étant pas affez forte,
Il m'a fallu céder à la néceffité.

MELPOMENE.

Le Faux-Goût dans ces lieux ! quelle témérité !
Ce Temple que Sophocle & le terrible Efchyle
Elevèrent jadis en l'honneur des Héros,
Ce Temple, du Faux-Goût eft devenu l'afile !
Quel affront !

THALIE.

Cet affront n'eft pas des plus nouveaux,
Ce Temple fut jadis détruit par les Barbares.

MELPOMENE *à Corneille.*

C'eft vous, chez les François, qui l'avez reconftruit,
Et de vos longs travaux voilà quel eft le fruit !
O du fort capricés bizarres !
O revers imprévus !

THALIE *à part.*

Ils peuvent tous les deux
Avoir des fecrets à fe dire ;
Ce font d'anciens amoureux.
Qu'ils jafent à leur aife, & moi je me retire.

SCENE VI.

MELPOMENE, CORNEILLE.

CORNEILLE *après avoir beaucoup regardé le Temple.*

Ce Temple, j'en conviens, fut reconstruit par moi;
Mais depuis mon trépas, quelle bizarre loi
    En a changé l'architecture?
    Toujours fidèle à la nature,
Dans mes tableaux, dans mes moindres desseins,
    Elle fut mon guide & mon maître;
    Ici j'ai peine à reconnoître
    L'antique ouvrage de mes mains.

MELPOMENE.

Vous aviez, il est vrai, posé chaque colonne
    Sur de plus larges fondemens.
    Vous aviez....

CORNEILLE.

        Quel est donc ce Trône?

MELPOMENE.

C'est le mien.

CORNEILLE.

    C'est le vôtre! ô fatals changemens!
    Ce séjour, illustre Déesse,
Ne devroit-il briller que de faux ornemens?
    Un Oripeau frivole, une vaine richesse
    Y remplaçent les diamants.

E 2

Mais que vois-je en ces lieux ? Quelles font ces images,
Qui frappent mes regards furpris ?
Leurs traits nobles & fièrs....

MELPOMÈNE.

Ce font mes favoris
Les plus fameux , & ceux dont les Ouvrages
Ont le plus enchanté le cœur & les efprits ;
Ces Buftes immortels, du vulgaire & des fages,
Chaque jour dans mon Temple obtiennent les hommages.
Le votre eft à leur tête : il faut que l'inventeur
Commande au Peuple imitateur.

(*Montrant le Bufte de Racine*).

Racine , dont Boileau fut l'ami , non le maître ,
Racine , dont le ftyle eft fi mélodieux ,
A vos côtés devoit paroître.
Quel autre a mieux parlé le langage des Dieux ?
Quel autre....

CORNEILLE.

Arrêtez , Melpomène ;
C'eft à moi d'achever cet éloge flatteur.
Inftruit des fecrets de la Scène ,
C'eft moi, qui dois louer mon rival enchanteur :
C'eft moi, qui de fes plans ai fenti la fageffe,
La grace de fon ftyle , & fa délicateffe,
Dans les tableaux brûlans qu'il trace des amours,
Toujours pur , élégant , & fenfible toujours ,
Toujours jufques au cœur fe frayant une route ,
Il furpaffe Euripide , & moi-même fans doute.

MELPOMÈNE.

Eft-il vrai , cependant , je le dis entre nous,
Qu'avec quelque chagrin Corneille le vit naître ?

CORNEILLE.

Corneille de Racine auroit été jaloux !

Muſe, apprenez à me connoître :

{ (*) Je vois d'un œil égal croître le nom d'autrui,
Et tâche à m'élever tout auſſi haut que lui,
Sans hazarder ma peine à le faire deſcendre.
La gloire a des tréſors qu'on ne peut épuiſer ;
Et plus elle en prodigue à nous favoriſer,
Plus elle en garde encore, où chacun peut prétendre.

Tes ſont mes ſentimens, tels ils furent toujours.

MELPOMENE.

Que je reconnois bien Corneille à ce diſcours !
Le tranſport le plus vif, qu'éprouve le génie,
Eſt l'émulation, & non la jalouſie.
Le génie eſt-il fait pour craindre des rivaux ?
De ce vieillard qui vient après Racine,
(*Lui montrant le buſte de Voltaire*).
Connoiſſez-vous les traits ?

CORNEILLE.

Non, mais je les devine.

C'eſt Voltaire, à coup ſûr, dont les nombreux travaux,
Dont les rares talens ont étonné le monde.
De ſa plume docte & féconde,
Que de chefs-d'œuvres ſont éclos !
J'ai lû, relû ſouvent Adelaïde, Alzire,
Mérope, Mahomet, & Tancrede, & Brutus :
Ces traits m'ont rappellé l'ombre du Grand Ninus.
J'y vois ſur-tout le feu qui brûle dans Zaïre :

(*) Ces ſix Vers ſont de Corneille.

E 3

S'il ne l'inventa point, il aggrandit vôtre art,
Et rendit plus tranchant le tragique poignard.

MELPOMENE.

Corneille ainfi louer Voltaire !
Voltaire, qui jamais ne le put égaler,
Et qui jufques à foi penfa le ravaler,
Par fon étrange Commentaire !

CORNEILLE.

Ce Commentaire m'étonna ;
Mais ne me parût point injufte :
J'ai mes défauts qu'il releva.
(*) Voltaire eft un autre Cinna,
J'ai dû pardonner comme Augufte;
(*Montrant le Bufte de Crébillon*).
De cet autre vieillard rappellez moi le nom ?

MELPOMENE.

C'eft l'Efchyle François, le fombre Crébillon.

CORNEILLE.

L'ame eft à fon afpect de terreur pénétrée.

MELPOMENE.

Moi-même ai dans le fang trempé fes noirs pinceaux.
Sa palme eft un cyprès qui croît fur les tombeaux,
Et fa main m'abreuva dans la coupe d'Atrée.
On doit le connoître aux enfers.

CORNEILLE,

J'ai fouvent admiré l'âpreté de fes Vers.

(*) Deux Vers de Dorat.

De Pélops, la race barbare,
Les fait souvent redire aux échos du Tartare.
Les clameurs de Cerbère inspirent moins d'effroi.
Mais comme avec plaisir je frémis & m'attriste
Au souvenir d'Électre, au nom de Rhadamiste !
Près du fier Crébillon , quel autre s'offre à moi ?

MELPOMENE.

C'est le vertueux du Belloi,
Né François , il peignit les Héros de la France ,
Leurs succès , leurs revers, & sur-tout leur vaillance.
S'il ne fut point l'égal des Tragiques fameux ,
S'il ne fut ni touchant , ni sublime comme eux,
Il eut l'art de s'ouvrir une route nouvelle.

CORNEILLE.

N'a-t-il pas composé le Siége de Calais?
Gaston & Bayard ? Gabrielle ?
MELPOMENE.
C'est lui-même.

CORNEILLE.

Aux Auteurs François,
Du moins pour le choix des sujets ,
Il devroit servir de modèle.
Peut-être j'ai peint Rome avec quelque grandeur :
Peut-être mes crayons , qu'en ces lieux on renomme,
Ont assez bien rendu son antique splendeur.
Mais n'est-il des Héros que dans la vieille Rome ?
Turenne , de mon tems, le Grand Condé, Villars
Ont cueilli des lauriers autant que les Césars ;
Et l'on a vu fleurir sur les débris du monde

E 4

La tige des Bourbons , en grands hommes féconde,
Des Romains & des Grecs j'admire les vertus ;
Mais le bon Henri IV est l'égal de Titus.
Roi! qui de tes sujets te feras toujours plaindre ,
Et dont ils béniront toujours le souvenir ,
   Puissé-je au monde revenir !
C'est toi sur-tout, c'est-toi , que j'aimerois à peindre,
   De tout il me faut informer :
Est-il d'autres Auteurs qui marchent sur mes traces ?

MELPOMENE.

(*) Il en est jusqu'à trois que je pourrois nommer,

CORNEILLE.

 C'est beaucoup.

MELPOMENE.

    Mais des trois Horaces,
Un seul, vous le savez , subjugua ses rivaux.
   J'en connois un , dont les travaux....
N'allons pas au Public dévoiler ce mystère ;
Son silence prudent m'ordonne de me taire... ,
Viendroit-on m'annoncer quelques malheurs nouveaux ?

SCENE VII.

LES PRÉCÉDENS, THALIE.

THALIE.

SI vous saviez, ma sœur, quel danger vous menace...
Frémissez... Du Faux-Goût vous connoissez l'audace,

(*) Ce Vers est de Boileau.

A l'inftant même on vient de l'informer
Que Corneille étoit dans ce Temple,
Et que voulant donner un courageux exemple,
Pour Souverain nous l'allions proclamer.
De fon char à ces mots, l'ufurpateur s'élance,
Il raffemble tous fes foldats :
Les fots dont la foule eft immenfe,
Courent à l'envi fur fes pas;
C'eft Cliton qui marche à leur tête:
Ce Dramaturge altier, la fureur dans les yeux,
Menace d'envahir ces lieux.
De ce Temple, de vous la ruine s'apprête,
Tremblez, vous dis-je.

MELPOMENE.

Moi, trembler!
Moi, craindre ce tyran des Filles de Mémoire!
Corneille, en fe montrant, va bientôt l'accabler.

CORNEILLE.

(*) Trop peu d'honneur pour moi fuivroit cette victoire;
A vaincre fans péril, on triomphe fans gloire.

MELPOMENE à *Corneille.*

N'importe : le Faux-Goût tomba fous vos efforts,
Dès qu'il pût autrefois vous voir & vous entendre ;
Dans le fombre Empire des morts
Vous le ferez encor defcendre.
Son audace eft au comble, allons la réprimer;
Qu'en frémiffant il vous contemple.
(*A Thalie*).
Et vous, que fa menace eût dû moins alarmer,
Continuez, ma fœur, à veiller fur ce Temple.

(*) Vers du Cid.

SCÈNE VIII.

THALIÉ, *seule.*

Ils espèrent tous deux subjuguer le Faux-Goût ;
    Mais la conquête est peu facile :
    Jadis son sceptre étoit fragile ;
Ce tyran, dans ce siècle, est adoré par-tout.
Nos Dames aujourd'hui ne sont plus amusées
Que par des Concettis, ou de froids jeux de mots ;
Pas un écrit solide, & cent livres nouveaux ;
Plus de génie en France, & par-tout des Musées.
Du Parnasse, autrefois, pour franchir les sentiers,
    Il falloit à perte d'haleine,
Travailler nuit & jour, veiller des mois entiers,
    Notre poëtique Domaine
S'élevoit autrefois sur des sommets altiers ;
    Mais aujourd'hui le Parnasse est en plaine ;
Et tout le monde y court, Bourgeois ou grand Seigneur,
Tout le monde aujourd'hui veut devenir Auteur.
    Je vois l'auguste Melpomène,
Reparoître en ces lieux la douleur sur le front ;
Auroit-elle essuyé quelque sanglant affront ?

SCÈNE IX.

MELPOMENE, THALIE.

THALIE.

Noble Divinité de la Tragique Scène,
Eh bien ?

MELPOMENE.

Eh bien ! ma sœur, le Faux-Goût a vaincu.
Corneille dans le Camp à peine avoit paru,
D'abord on l'accable d'injures,
Et bientôt du Génie affrontant le pouvoir,
Sur ses cheveux blanchis les traîtres font pleuvoir
Un énorme amas de Brochures.
Sous ce fardeau prêt à périr,
Corneille en seroit mort, s'il avoit pû mourir.

THALIE.

Quelle Divinité l'a souftrait à leur rage ?

MELPOMENE.

C'est Apollon ; du haut des Cieux,
Il voit ce vieillard qu'on outrage :
Il s'indigne, il descend porté sur un nuage,
Et le dérobe à tous les yeux.
Mais voici nos vainqueurs barbares :
Puissent bientôt les justes Dieux
Punir leur insolence ! . . .

SCENE X.

Les Précédens, LE FAUX-GOUT, ſa Suite.

LE FAUX-GOUT. *remontant ſur le Trône.*

Allons, amis, fanfares!
(*On entend au lieu de Trompettes des cornets à bouquin*).
Peuple, en ce Temple réuni,
Célébrez par vos chants ma conquête héroïque.
(*On entend un Chœur de voix très-diſcordantes, qui chantent victoire, victoire*).

THALIE.

Silence, Monſieur Gluck! Taiſez-vous, Piccini,
Devant cette belle muſique.
(*On entend une autre Symphonie tout-à-fait agréable.*
Mais, quelle mélodie à ces ſons diſcordans,
Vient tout-à-coup mêler ſes airs doux & touchans!
C'eſt Apollon qu'elle annonce peut-être....
C'eſt lui-même, en effet: le vengeur des talens
Dans ce Temple devoit paroître.
(*Apollon paroit dans un nuage avec le Grand Corneille, & e'arrête à une certaine hauteur*).

APOLLON *au Faux-Goût.*

Vois-tu le Grand-Corneille aſſis à mes côtés?
De mes ſuprêmes volontés,
S n aſpect doit t'inſtruire & me faire connoître.
*) Tyran, deſcends du Trône, & fais place à ton maître.

(*) Vers d'Héraclius.

LE FAUX-GOUT.

Est-ce à moi que s'adresse un semblable discours ?

APOLLON.

A toi-même. Corneille est le Dieu de la Scène.
Sur le Trône de Melpomène,
C'est à lui de monter, & de règner toujours.
Que dis-je ! il faut un double Trône
Pour ce Poëte créateur.

Il composa *le Cid*, ainsi que *le Menteur*,
Et Thalie, à son tour, lui doit une couronne.
Le premier, de la Liberté
Il osa retracer les charmes :
Le premier, aux Héros il arracha des larmes
En faveur de l'humanité.

Des Romains, le premier, offrant la vraie image,
Au reste des mortels il inspira l'ardeur
De s'élever à leur grandeur,
Et de les passer en courage.

Tout Romain dans le cœur, de ces hommes fameux
Lui-même eut la fierté, la noble indépendance,
Et se fit la loi, dès l'enfance,
De penser & d'agir comme eux.

Le front ceint des lauriers d'une double victoire ;
Quels rivaux, s'il en eût, de l'éclat de sa gloire
Pourroient n'être point éblouis ?

De ses contemporains j'aime les doctes veilles :
Mais, qui n'admire point dans l'ainé des Corneilles,
L'écrivain le plus grand du Siècle de Louis ?

Les Rois, nés pour régir la Terre,
Les Grands, qui conseillent les Rois,
L'homme d'État, qui fait fleurir les Loix,

Le Héros, qui de Mars gouverne le tonnerre,
Tous les mortels, par lui, sont formés aux vertus.
    Turenne, dans Sertorius,
    Puisoit dès leçons sur la guerre.
Tel que moi-même enfin, tel que le Dieu du jour,
    Corneille, des rayons qu'il lance,
Éclaire incessamment le terrestre séjour.
Othon & Suréna, des dangers de la Cour
    Instruisent l'humaine prudence:
    Cinna fait aimer la clémence,
Et le Cid a prouvé qu'il connoissoit l'amour.

LE FAUX-GOUT.

    Cinna! le Cid! mauvaises Tragédies;
    Ouvrages de Déclamateur.
Vainement au Théatre elles sont applaudies:
Je serois bien fâché que l'on m'en crût l'auteur.
J'ai plus de goût que lui, ma Muse est plus hardie:
Eh! qui n'est point charmé de mon style enchanteur?
    Mes Vers sont pleins de mélodie,
Et les siens....

APOLLON.

    Et les siens!.. Respecte leurs défauts.
Le génie en sa course impétueuse, altière,
Souvent, je l'avourai, marche à pas inégaux;
Mais un seul lui suffit pour franchir la carrière,
    Et pour laisser à la barrière,
Se traîner loin de lui, ses impuissans rivaux.
    Toi qui viens d'usurper sa place,
Cède-là donc sur l'heure, ou crains que ton audace
    N'arme enfin le bras d'Apollon.

LE FAUX-GOUT.

C'eſt moi qui dois règner dans le ſacré vallon.
Ce Trône m'appartient, je n'en veux point deſcendre,
Et contre tous les Dieux, je ſaurai me défendre,
Les Dieux à mes pareils cauſent peu de terreurs.

APOLLON.

Tu les blaſphêmes! eh bien! meurs.

(*Apollon lui lance une flêche, & le tue*).

Cette flêche à Python, jadis, ôta la vie:
Puiſſe-t-elle punir un vil ſéditieux !

(*On emporte le Faux-Goût dans la Couliſſe, & ſa ſuite diſparoît avec lui*).

THALIE.

Il tombe.

MELPOMENE.

Il eſt frappé.

LE FAUXGOUT.

(*) J'expire ! Il eſt des Dieux !

APOLLON.

C'eſt ainſi qu'Apollon ſe venge d'un impie.

(*Le nuage deſcend ſur le Théâtre. Apollon en ſort, & conduit lui-même le Grand Corneille ſur le Trône..*)

(*) Hémiſtiche de Dubelloy.

SCENE XI & dernière.

APOLLON, LE GRAND CORNEILLE,
MELPOMENE, THALIE.

APOLLON.

Muses, à ses talens, ainsi qu'à ses vertus,
Rendez les honneurs qui sont dûs :
D'Apollon les Beaux-Arts suivent par-tout les traces,
Et pour fêter Corneille, ils vont s'unir aux Grâces.

*Les Beaux-Arts entrent en foule, & forment un
Ballet qui finit la Pièce.*

APPROBATION.

J'ai lu par ordre de M. le Lieutenant-Général de Police,
La Centenaire de Corneille, ou *le Génie vengé,* Comédie en un
Acte & en Vers, & j'ai cru qu'on pouvoit en permettre la représen-
tation & l'impression. A Paris, le 31 Octobre 1784,

SUARD.

*Vu l'Approbation, permis de représenter & imprimer. A Paris,
ce 5 Novembre 1784,* LENOIR.

www.ingramcontent.com/pod-product-compliance
Lightning Source LLC
LaVergne TN
LVHW020951090426

835512LV00009B/1828